Stunden der Zeit

von

Heinz-Georg Kyritz

ISBN: 1-4033-2654-1 (e-book)
ISBN: 1-4033-2655-X (Paperback)

Library of Congress Control Number: 2002091814

This book is printed on acid free paper.

Printed in the United States of America
Bloomington, IN

1stBooks - rev. 12/09/02

Erster Teil

Das träumende Ich

Zu neuem Sein

Wenn das Licht dunkler wird,
und die Gedanken kreisen,
schliess dich ganz in dich ein,
suche in der Stille in deinem Ich,
ob sich nicht in den Gedanken einer findet,
dem du vertraust,
der sich dir öffnet,
etwas in dir wachruft,
was schlummernd in den Bewusstseinslagen
in dir war,
dich hinaufführt zu neuem schöneren Sein.

In die Ferne

Ein Stündchen träumen am Meer.
keine Sonne, Wellengetöse,
da fühl' ich so ganz seine Näh',
sein Wasser bespült mich,
zieht mich, ruft mich:
"Was soll Dir das ewige Hin und Her?
Bei mir hättest Du Deine Ruh',
ich wiegte Dich fein."

Langsam zieht es mich hinein,
"nein, ich will nicht, lasst mich sein!",
ruf' ich,
doch ich lieg' schon in den Wogen,
so sanft, so warm sind sie
ich lass mich treiben,
"wohin geht die Reise?",
frag' ich,
"in die Ferne, in die Ferne mit Dir".

Herrlich ist das Licht

Mitten auf der Strasse steht er,
hält sich an seinen Stöcken fest,
links ist der Friedhof, rechts der Garten,
den er bebaut.

Unendlich langsam schlurft er weiter,
sieht auf die Felder, die Strasse, den Weg,
wie einer, der noch einmal die Erde ansieht,
ihr grün-grünes Kleid,

und weiss,
wenn er in die Dunkelheit geht,
sieht er sie nicht mehr,
das Licht ist so weit.

Das Ich und das Wir

Das Ichbewusstsein ist uns gegeben,
wir sind eins mit unserem Ich,
können nie von ihm springen,
homo sapiens lebt mit seinem Ich.

Er denkt, arbeitet, isst und schläft mit ihm,
verbringt jahrein, jahraus mit ihm,
auf Urlaub schicken kann er's nicht,
er stirbt mit seinem Ich.

Nur wenn er liebt, verdrängt er es,
sie und er träumen vom Wir,
tanzen sie den Schleier ab,
haben sie ihr Ich und das Wir.

Die Zeit

Teilnahmslos rücken die Zeiger,
mahnen die Stunde der Zeit.
Endlos scheinen die Tage im endlichen Hier,
doch immer kommt die ergrauende Stunde,
verlieren wir.

Und weiter tickt die allmächtige Zeit,
das unverrückbare Mahnmal der Endlichkeit.
Wir können ihren Zeigern gebieten,
sie vorwärts und rückwärts schieben,
Jahre neu benennen,
doch nimmer ihren Lauf verbieten.

letztes Licht

Wer will schon den Gaffern ausgesetzt sein,
wenn man alt ist, verkrümmt.
in den Augen letztes Licht?
Man kauft dies und das,
nur nirgends bleiben, verweilen,
schnell wieder in die Kammer zurück.

Da wird man lange bleiben, wird sitzen,
sich in den Sessel zurücklehnen,
die Augen schliessen,
dem Leben draussen wie von Ferne lauschen,
von Vergangenem träumen,
nichts gibt es mehr zu versäumen,
die Ewigkeit sieht einen an.

Tickende Zeiten

Wohin willst du mich führen,
du gütiges Antlitz, schönes Ich,
zurück zu den Müttern,
die so zärtlich waren um mich?

Was war, kehrt nie zurück,
drum blättere nicht im Buch der Zeit,
ein Bild ist wie ein letzter Blick,
schau vorwärts, nicht zurück!

Was ist, hilft dem suchenden Ich,
was wird, überschauen wir nicht,
immer tickend vergehen des Lebens Zeiten,
enden das Buch der letzten Seiten.

Wären wir nicht gerade den teuflischen Weg
gegangen,
hätten den göttlichen verschmäht,
könnten wir vielleicht auf Gnade hoffen,
bevor wir glitten in die Dunkelheit des Hades
hinab.

Zum Anfang zurück

Was sich nicht verläuft,
kehrt zum Anfang zurück,
tiefgründig ist der angelegt,
zieht wie ein Magnet an sich,
was ihm angehört.

Immer wieder spürt man seine Kraft in sich,
möchte zurück, vermag es nicht,
Bilder erscheinen von früher,
wie mögen sie aussehen,
die ich kannte, denen ich angehörte?

Verfremdender Blick?
Ich muss zurück!
Die Vergangenheit neu beleben,
noch einmal das Gestern in mir spüren,
dann mag das Künftige mich führen.

Der letzte Blick

Was ist’s, was an mir naget,
sich in Träumen wie ein Abgrund hebt in mir,
in den ich falle,
mich zerschlage?

Bei Tage treibt’s mich wie früher,
nachts fühl’ ich mich wie von Furien gejagt,
von Schmerzen geplagt,
was zehrend mir am Leben nagt.

Ich schaue in den Spiegel,
entsetzt schrei’ ich auf,
der Tod schaut mir ins Auge,
die Finsternis nimmt mich auf.

Ohne Worte

Was uns schwer, ja, bedrückend scheint,
löst sich von selbst zu anderer Zeit.

Wenn du einen Menschen liebst,
nimmst du ihn ganz in dich hinein,
er wird grösser und schöner,
als er anfangs schien zu sein.

Je weiter wir uns voneinander entfernen,
desto näher kommen wir uns,
denken aneinander,
grösser-gross baut uns die Erinnerung auf.

Unerträglich ist des Halbgebildeten Gehabe,
er blendet nur mit Schein.
Wenig Wert hat nur die Oberfläche,
das unfundierte Möchtesein.

Das Etwas ist nicht weit vom Nichts,
und doch ist es unendlich mehr,
es hat vielleicht eine Zukunft,
entwickelt sich zu mehr,
aus dem Nichts wird nichts.

Trifft dich immer wieder das Missgeschick,
suche das Alleinsein mit einem Tier,
Liebe und Güte helfen auch dir.

Sinn in der Sinnlosigkeit zu suchen,
gleicht dem Versuch,
aus der Finsternis Licht hervorzurufen.

Unverrückbar

Lachend steht der in Blei gegossene Junge
auf dem Dorfbrunnen,
schaut seit Jahrhunderten über den Platz,
wie die alte Turmuhr,
die nicht mehr tickt,
mit grossen Zahlen in die Ferne blickt.

Es könnte die Wüste sein, der Nordpol,
der schrecklichste Anblick,
kein Bild geht in sie hinein,
vor toten Augen die Zeit vertickt.
Sie stehen, wo sie lange standen,
Standbilder, die nichts wissen vom Menschengeschick.

Und das wär' viel

Bis ans Ende musst du gehen,
dann gibt es nichts,
woran du nicht gedacht.
Nie wird jemals alles bleiben,
was du erdacht, getan,
ein Weniges wird dem Leben gehören,
und das wär' viel!

Unter den Sternen

Alleine bin ich, fern blinkt das Moor,
da kommt mir ein Rufen laut ins Ohr,
“Bist Du von den Himmlischen einer?”.
ruf’ ich laut,
“oder ist’s ein Ruf von den Sternen,
der so summt und braust in mir?”

Über mir blinken die Sterne so fern von hier,
unter ihnen leg ich mich zur Ruh,
da hör’ ich wieder das Rufen,
nun ist es über mir!
Bang mach’ ich mich klein unter der Decke,
schlafe ein.

Von fernen Welten träumt’ ich,
öffne die Augen bei Sonnenschein.

In jenes Kreises Weben

Du musst dich nicht in die Enge lenken,
dass dir alles fremd wird, was geschieht,
ständiges Grübeln über einmal Gewesenes,
führt dich in enge Kreise,
lässt dich bald das Nichts mit grossen Augen sehen.

Tritt heraus, sieh dich um,
ob grau oder Sonnenschein,
besser als in engem Kreise sein.
Mach dich neu bekannt mit dem Leben,
vielleicht findest du, was du gesucht in des Kreises Weben.

Nur noch die Zikaden

Wenn der Tag sich neiget,
wird es stille,
kein Vogelruf erklingt,
letzter Glanz des hellen Tages liegt noch über den Fluren,
doch die Schatten legen sich auch über sie,
nun deckt die Nacht den Tag,
das Leben geht zur Ruh.

Irgendwo blitzt es in der Ferne,
rollender Donner dringt durch den Äther,
dann geht ein Flüstern durch die Zweige,
was ist's, was nimmt uns die Ruh?
Doch auch das Grollen verklingt,
nur die Zikaden singen ihr nächtliches Lied.

Letzter Sommerwind

Einmal noch ihn hören,
wenn er böig treibt die Wogen der See,
rüttelt an den Zweigen,
lässt die Blätter tanzen,
jagt heulend über Strand und See,
nur noch leicht wehend, streicht er schmeichelnd,
wie ein Kätzchen an den Wangen entlang.
Dann lauschen die Verliebten,
kennen sie sein leises Flehen?

Nun hebt er sich wieder,
jagt über die Fluren,
auf den Kämmen der Wogen sieht man Boote treiben,
stürzen ins Wellental hinab,
wütend treibt sie der Wind in die Brandung,
hebt sie noch einmal hoch,
wirft sie voll Wasser an den Strand.

Wie kannst du so wütend und so zärtlich sein?,
fragt ihn ein Mädchen,
als er sie streichelnd betörte mit seinem Gesang.

Das Schweigen

Still ist es zwischen ihnen,
unsagbar bleibt ein jedes Wort,
wo einst die Liebe besungen wurde,
helle Kinderstimmen klangen,
herrscht nun Friedhofsstille,
ein jeder lebt in seinen Räumen,
hat nichts mehr zu versäumen.

Spaziergänge auf einsamen Wegen für ihn,
endloses Schreiben für sie,
schweigend die Zeit verrinnt,
Tage und Nächte kein Laut erklingt.
Dichte Nebelschwaden legen sich um Wald und Feld,
graue Novembertage, alles hängt,
man sitzt und liest vom Hauch der Welt.

In der Prärie

Irgendwo verlor sich mein Blick
in der flimmernden Ferne,
es war auch nicht wichtig,
die Weite endete nicht,
schien irgendwie überall gleich zu sein im Sonnenlicht

In meinem Umfeld sah ich plötzlich einen Büffel stehen,
der kümmerte sich nicht um mich,
da ging ich auf ihn zu,
streichelte seine helle Stirn,
das schien ihm zu gefallen,
er neigte sein Haupt,
schloss die Augen vor Behagen,
stiess aber kurz danach einen merkwürdigen Laut aus,
kein Brüllen, kein Schnaufen,
brach in die Knie, rollte sich auf den Rücken,
schaute mit glasigen Augen auf mich.
Ich verstand.
Er dankte mir beim Vergehen
für mein Bei-ihm-sein.

Warum so, wie ich bin?

Viele wollen besser aussehen,
als wie sie geboren sind,
nach dem Wieso wird gefragt,
doch die Antwort bleibt immer versagt.

Warum ist das so,
fragt das sich wundernde Ich,
auf der Erde das ewige Schweigen,
auch die hohen Bäume wissen es nicht.

Die Himmlischen werden es wissen,
zu ihnen müsste man hinauf,
doch da muss man ein Leben warten,
und dann weiss man nicht, geht es hinab oder hinauf?

Traumgeschehen

Nah wie das Leben sind uns oft die Träume,
hell-dunkel durchwirkt,
wie eine Vision berühren sie uns,
werden alpdruckartig,
wenn sie uns auf dem Herzen liegen,
uns in eine Verfremdung führen,
die uns bekannt scheint,
aber seltsam fremd wird,
oft ist es dunkel, wir laufen, werden verfolgt,
erwachen schwer, erkennen beglückt,
es war ein Traum, nicht mein Geschick.

Heinz G. Kyritz

Frühlingsträume

Ein Hauch von Frühling ist in der Luft,
o wie ersehnen wir ihn!
Knospen nur noch, keine Blumen, keine Blätter,
und doch ein Traum von Wiesenduft.

Du hauchst uns an,
beseligst uns, machst uns ganz,
Schnee liegt noch hier und da,
doch die Wärme der Sonne ist schon da.

Wir fühlen deine Nähe Frühling,
der Duft der Erde fasst uns an,
über Nacht die Wiesen grünen,
zarte Blüten schauen uns an.

Klänge

Immer hör' ich Gitarrenklänge,
wo ich auch bin,
vielleicht auch eine zärtliche Stimme,
die fern vom Himmel zu singen scheint.

Nie verlassen mich die Klänge, bei Tag nicht und bei Nacht,

weiss nicht recht, hör' ich sie hier,
oder schon die Himmlischen singen,
die so zärtlich in mir klingen.

Dann wär ich schon weit in unendlichen Fernen,
vielleicht kurz davor,
aber ich wandere doch noch in irdischen Sphären,
hab' nur die Klänge im Ohr.

Könnten die Himmlischen von so weit in mir erklingen,

oder träum' ich von ihnen bei irdischen Tönen,
hab' die Gitarrenklänge im Ohr,
so zärtlich, so lieb wie zuvor.

Das Lachen

Immer noch hör' ich das Lachen
als wär' es von gestern
das noch in den Ohren schallt.
Doch ein Leben ist vergangen,
und ich hör' den Klang.

Mir scheint, es ist ein Widerhall,
wie von Berg zu Berg,
in des tiefen Waldes Weben,
ein Schallen in tiefer Nacht,
bei des Herzens schnellem Regen.

Doch immer ist's ein Lachen,
als hätt' ich's gestern noch gehört,
so laut, so wahr,
als hätt' ich's grad erlebt.

Das schöne Mädchen

Bei einer Sonntagmorgenwanderung durch den Wald,
sah ich ein Mädchen ruhen an einem Baume,
sie war so schön, ich beugte mich,
zu küssen ihren Mund,
doch berührend ihre Lippen zart,
ihr Gesicht zum schrecklichen Antlitz ward.

Entsetzt erhob ich mich,
da hört' ich krächzendes Lachen und Schreien:
    "Nun hab' ich Dich,
    nun hab' ich Dich.
    Du dummer Frechhals Du",

Erstarrt stand ich, konnte nicht fort.

    "Du kommst nun in mein Haus.
    da kommst Du nicht mehr raus!"
schrie sie mit krächzender Stimme.

Ich musste wohl eingeschlafen sein,
denn es war schon Abend, als ich erwachte.
Ich fand mich in einem fremden Haus,
wollte mich erheben, fühlte mich aber seltsam schwach,
sah plötzlich das schöne Mädchen auf mich zukommen.

"Da bist Du ja wieder",
sagte sie lieb,
"Du küsstest mich unter meinem Baume,
doch die Böse kam dazwischen,
mir ist's, als war's im Traume."

"Es war kein Traum",
erwiderte ich, sie umfangend,
"ich küsste Dich, wie ich Dich küsse jetzt,
und das ist nicht im Traume."

Der rettende Blitz

"Kommt Ihr Kindlein, kommt,
meine Hündchen will ich Euch zeigen,
spielen könnt Ihr mit ihnen tagaus, tagein",
rief die Alte,
"gross ist der Garten mein."

Froh und munter hopsten die Kinder,
lachten und spielten hinter ihr her,
doch als sie kamen in den finsteren Wald,
fürchteten sie sich sehr.

"Macht Euch nichts draus",
sprach die Alte,
da hob sich der Donner, es blitzte um sie her,
sie versteckten sich im Walde,

die Alte rief sie,
doch sie kamen nicht mehr,
"hört Ihr nicht, Ihr garstigen Kinder?",
schrie sie,

da zuckte ein Blitz,
traf sie am Wege.
Als die Sonne wieder schien,
liefen die Kinder aus dem finsteren Gehege.

Das Männlein

Auf dem Wege zu seiner Oma ging der Junge,

Schier unendlich schien der Weg,
Wiesen und Felder, ein dunkles Gehöft,
fern ab vom Weg.
weiter ging er, immer weiter,
kauernde Weiden standen, dunkler Wald,
er stieg auf eine Buche,
legte sich auf ihren Ästen zur Ruh,
sah über sich die grossen Geier kreisen.

Es war schon heller Morgen,
ein altes Männlein mit langer Nase und scharfem Blick
stand unter dem Baume.
"Komm runter, komm runter, Du musst zurück!",
rief es mit krächzender Stimme
der Wald ist nie zu Ende,
die Finsternis ist Dein Geschick!"
Entsetzt sprang der Junge herunter,
dankte ihm und lief zurück, den hellen Wiesen entgegen.

Auf der Höhe vor dem Tale krächzte der Alte wieder:
"Bist Du munter, lauf hinunter!"
Sich die Hände reibend und hochspringend vor Freude,
kreischte er: "Siehst Du nicht die Geier kreisen?"
Schreiend lief der Junge zum Dorf hinunter,
sprang in seines Vaters Haus, schloss die Türe.
Laut kreischten die Geier über ihm.

Grell schien ihm die Morgensonne ins Gesicht,
er erwachte, verliess seine Wiege,
machte sich frohen Mutes auf den Weg,
ging durch den lichten Wald,
sah das Haus seiner Oma fern am Wegesrand.

Vertiefung

Wer kennt heute noch des ewigen Goethe Gedichte,
Fausts Weg vom Ich zum Werk für viele,
wen bewegen noch die Rilkeschen Elegien,
und was ist mit Zarathustras mahnendem Wort?

Sind alle, die grosse Werke schrieben,
nur noch Namen?
Dostojewskijs erschütternde Dramatik,
Puschkins Lyrik und Tolstois tief ausschürfende Erzählung.

Und wer liest noch Werke aus der Antike?
Der Fernseher ist die Bildungsstätte der Vielen,
Vertiefung durch grosse Dichtung ist zu schwer,
doch morgen oder übermorgen gilt sie wieder mehr.

Die Augen

Es war eine Photographie von einer jungen Frau,
immer wieder musste er sie ansehen,
ihre grossen, tiefen Augen schauten ihn an,
was hatte sie gesehen,
vielleicht alles tiefer, durch alles durchgesehen?

Ihre Augen schienen ihn zu verfolgen,
überall schauten sie ihn an mit ihrem Ernst,
mit ihrer Tiefgründigkeit.
Da deckte er sie zu,
fihlte sich wieder frei.

Aber als er zur Arbeit fuhr,
sah er sie vor sich,
etwas Zwingendes hatten sie an sich,
sogar im Büro verfolgten sie ihn,
wie eine Hypnose schien es ihm.

Wer war die Frau,
wie kam er zu dem Bild?
Er zeigte es seiner Tante,
"Deine frühverstorbene Mutter ist' s",
sagte sie mit tiefem Blick.

Heinz G. Kyritz

Die Erscheinung und der Tod

An seinem Schreibtisch sitzend,
hörte er plötzlich Schritte im Haus,
wollte sich erheben,
aber bevor er es vermochte,
sah er eine Gestalt in der Türe stehen,
entgeistert schaute er auf seinen Vater,
der schon zwanzig Jahre tot.
Mit rasendem Herzen stand er auf,
spürte etwas Endliches in sich hochkommen,
fiel in seinen Sessel zurück,
ins Leere ging sein Blick.

Die Indianerin

Da rief sie, die von den hellen Wassern kam:

“Gedenket des grossen Geistes,
bleibt in Seinem Licht!
Achtet das Leben von Mensch und Tier,
alles steht im Licht!
Sinkt nicht mit geschlossenen Augen,
schaut auf das Licht hinauf!
Gross sind Eure Augen,
gross ist das blaue Licht!
Der grosse Geist wird Euch erkennen,
heben Euren Geist zu sich.

Hütet Euch vor den dunklen Wassern,
in ihnen sinkt Ihr tief,
kaum noch Eurer Sinne mächtig,
verliert Ihr das Licht!
Lasst mich Euch führen zu den hellen Wassern hin,
in ihnen blinkt das Sternenlicht,
spiegelt sich des grossen Geistes Sicht!
Finden wir die hellen Wasser,
finden wir das Licht!
Sind wir in Seiner Sicht!”

Zweiter Teil

Im Gefüge des Webens

Grüne Augen im Wind

Nichts bewegt sich,
müde ist auch der Wind,
die alten Bäume träumen vor sich hin,
ihre Blätter rollen sich schon ein wenig,
atmen ihre Schönheit nicht mehr aus und ein,
Und wie blitzten ihre grünen Augen,
als sie noch sommerselig tanzten im Wind!
Da trugen sie ihr schönstes Kleid,
drehten sich im Kreise wie ein Mädchen,
das von seiner Schönheit weiss.

Nicht aus der Menschenwelt

Ein Dröhnen hör ich aus der Tiefe der Erde,
ein nie gehörtes dumpfes Stöhnen,
nicht aus der Menschenwelt.
Steine fliegen hoch, Erdbrocken,
etwas erhebt sich mit schrecklichem Getöse,
Dampf wallt auf,
etwas Heisses kommt mir entgegen,
dann schiesst es in die Höhe,
ein Geiser hat sich erhoben.

In der Not

So muss es immer weitergehen,
auf neuen Wegen werden wir wandern,
auch wenn es uns ein Ungemach,
leicht war es nie in allen Gewanden.

In der Not kommen uns neue Ideen,
findet unser Geist, was er nie gesucht,
bewegt uns zu grossem Streben,
lässt uns im Neugefügten weiterweben.

Der Mond schien helle

Müde war sie, nahm nichts mehr in sich auf, schlief ein,
nur wenig später erhob sie sich,
wankte durch die Räume, öffnete die Türe,
hinaus durch die Fluren, in den Wald,
zu einem stillen See,
an seinem Ufer stand sie lange,
ein Reh schaute sie mit grossen Augen an,
da schrie sie auf,
lief zurück ins Haus,
schloss die Tür mit klopfenden Pulsen,
sass lange auf,
sah immer wieder die dunklen Augen,
noch als sie wieder schlief im Traume.

Wo bist du Wind?

Heiss brennt die Sonne nieder,
kein Lüftchen weht, die Atemluft steht.
Wind, wo bist du?
Wenn man dich braucht, wehst du nicht mehr!

Die Wolken ziehen nicht,
alles hängt, das Gras wird braun.
Die Leute drängen sich in die kühlen Geschäfte,
und du heulst irgendwo oder singst den Mädchen dein Ständchen!

In treuer Hingabe

Demütig schaut der Hund zu uns hinauf,
in treuer Zuneigung gibt er sein Leben für uns,
ohne Falschheit und Eigennutz kennt er nur uns,
ordnet sich ein, beschützt uns.

Hingabe und Liebe währen so lange er lebt,
nur zu wissen, er gehört zu uns,
ist alles, was er je braucht.
Wie er in die Welt gekommen, geht er wieder.

Wird die Verheissung unseres Herrn
auch seine Liebe, seine Treue belohnen?
Wieviele möchten es?!
O Ihr Himmlischen, wisst Ihr von so viel Hingabe?
Wir sind nicht so gut!

Der Abschied

"Setz deine Segel, stark weht der Wind,
wir wünschen Dir gute Fahrt,
Du hast unseren Segen...,
finde Dein Glück auf fernen Wegen!"

Noch lange schauten sie dem Sohne nach,
bis Boot und Segel schwanden in der Ferne.
Sich immer schnäuzend, gingen sie langsam,
blickten noch auf die Wogen der See.

Von irgendwo würde er schreiben,
vielleicht vom fernen Übersee,
würde lange bleiben,
schon dachte die Mutter an das Wiedersehen.

Gebärden

Ganz auf eines eingestimmt sind wir nie,
wir sind zielbewusst, eifrig im Geschäft, Beruf, Büro,
doch wir sind auch Ehemänner, Väter, Mütter und Frauen,
wir sind so vieles und nur ein Mensch.

Verantwortung wiegt,
ob verheiratet oder ledig, sie hängt sich uns an,
und wir gewöhnen uns an sie, wachsen in sie hinein,
teil unserer Eigenschaften wird sie.

unseres ganzen Seins.
So haben wir viele Gesichter und doch nur eins,
die Gebärden ändern sich mit den Stunden,
nur im Schlafe löst sich alles, sind wir mit uns allein.

Wohlerhalten

Hegen und pflegen sollen wir,
was uns gegeben,
nicht einfach der Zeit überlassen,
vom Winde verwehen lassen,
der mit der Zeit alles verdeckt!

Ist es nicht das Ende vieler Kulturen?
Die Jahrhunderte verwehen alles,
was Neues wächst darüber,
Wälder, Wiesen, Felder, ein Dorf, eine Stadt,
und wieder ein neues Geschehen!

Pflegen wir's, bleibt's Jahrhunderte,
Stätte des Lebens für Alt und Jung.
in Ihnen vergeht nichts~.
Mittelalter und Neuzeit begegnen sich,
ja, zum Jahrtausend wachsen ihre Stätten heran, ziehen
uns an!

Jungund uralt

Wer jung ist, findet sein Glück auf allen Wegen,
überall kommt es ihm entgegen.

Wer munter ist, geht auf allen Wegen,
denn alle Wege sind ihm fein.

Wer müde ist, geht nicht mehr auf weiten Wegen,
sucht die Ruhe im Heim.

Wer alt ist, geht auf immer kürzeren Wegen,
am Stock wird alles lang und schwer.

Wer uralt ist, traümt von all den Wegen,
auf denen das Glück kam ihm entgegen.

Trübes Sein

Wie eine Glocke hängen sie über uns, ziehen nicht,
halbdunkel ist's,
tagaus, tagein.

"Nun hört mal ihr Wolken,
so geht das nicht!",
ruf ich ihnen entgegen,
"lichte Tage will der Himmel uns bringen,
nicht euer trübes Gesicht.
Was hängt ihr so dicht bei dicht,
und wo ist der Wind geblieben,
habt ihr den auch vertrieben?"

Wer kann das länger ertragen,
tagaus, tagein das trübe Sein!
Nebel heben sich noch am Abend,
man ersehnt sich schon die Nacht,
hofft auf den Wind,
den lichten Tag, den er uns bringt.

Sieg der Wissenschaft

Nichts hält den Patienten scheinbar mehr,
er will noch nicht, stemmt sich dagegen,
doch die Erde will ihn wieder,
der Schrei des Urwalds tönt in ihr,
stärker zieht sie ihn nieder.

Die Ärzte kämpfen gegen sie,
die Spritzen helfen, halten ihn,
am Ende ist's der Sieg der Wissenschaft,
die Erde lässt ihn ihr.
Dunkel ruft der Erdgeist,
"er kommt doch zu mir!"

In alten Schriften graben

Vergangen ist, was einmal war,
nichts führt zu jenem Hauch zurück,
der einst den grossen Geist belebt,
die Schönheit der Welt gegeben,
die ewig neu erklingt, bewegt.
Und käme einmal der Tag,
der sich wieder besinne,
Bild, Gedicht, Musik mit neuem Leben erfülle,
jubelten die Herzen wieder,
man umarmte das schöpferisch grossartige Ich.

Der Raubtierwärter

Du wirst dich ganz verlieren,
wenn du so weiterschläfst,
Sprach der Wärter zum Panthertier:
Schau dir die Katze an,
wie die so lautlos schleicht,
da springt der Panther vom Liegebrett,
wirft sich gegen die Stäbe und faucht nach ihm.

Ein Reh wittert ihn vom Gehege,
springt wie aus der Pistole geschossen
in seinen Winterstall,
zitternd noch hinter den Stäben.

So müsstest du laufen können,
spricht der Wärter zum Tigertier,
dann wärst du nicht hinter Stäben hier!
Da springt das Tigertier schnell wie der Wind
zur offenen Tür,
raus aus den Stäben,
stürzt sich mit schrecklichem Gebrüll auf ein Büffeltier,
reisst es in seinem Gehege.

Ich, der Löwe

Also hier bin ich nun,
weg vom Buschland, der weiten Savanne,
wo heimisch war mir die Erde,
im warmen Sonnenschein,
keine Stäbe verdeckten mir die Welt.

Lautlos lauf' ich auf und ab,
Stunden, Tage, meine Ewigkeit,
immer noch schleichend mein Schritt,
keine Erhebung, kein Gras, kein Busch,
kein Blick, der mich noch hält.

Immer wieder beschleicht mich etwas,
dann spür ich ein Fallen in mir,
lässt alles in mir gehen, auch die Erinnerung,
nur die Stäbe bleiben, lassen mich nicht gehen,
dann brüllt es raus aus mir, meine Qual, mein Vergehen.

Im Zoo

Wir wollen frei sein, rufen die Tiere,
doch die Stäbe lassen sie nicht gehen,
Was gibt uns das Recht, sie einzuschliessen,
ihnen die Stätte zu nehmen,
die ihnen die Geburt gegeben?

In der Savanne wären sie gelaufen,
in der Wärme Afrikas zu Haus,
die Freiheit war ihnen gegeben,
nicht die Stäbe in den Gehegen.

Besonnenheit

Das von unten nach oben Strebende,
scheinbar Volkstümliche,
schnell an die Macht Drängende,
zeichnet sich weder durch Besonnenheit noch Erfahrung aus,
wird Opfer seiner Unzulänglichkeit, ja, der Hybris,
fällt, alles mit sich reissend,
ins Unheil hinab.

Gesetz und Ordnung haben besseres Gespür,
alles wohl erhaltend,
sind Besonnenheit und Bescheidenheit ihre Zierde,
das Wohl des Volkes ihr Ziel.

"Irrwegig"

Unendlich sind die Wege des Wahnsinns!
Meinten wir je, die Welt mit Geisteskraft
lenkend zu bewegen,
sollten wir jetzt einsehen,
sie schon lange auf Irrwegen fehlgesteuert zu haben!
Vermögen wir es nicht,
werden wir weiter im Wahne fortschreitend,
meinen, immer genialer zu werden!
Rette sich, wer kann!

Der Garten

"Du kommst mir doch so anders vor,
wie im Himmel wandelst Du auf Deinen Wegen,
hinter hohen Hecken versteckt,
rundum eingeschlossen,
scheint ein Garten-Eden deine Welt.

Überall hängen Früchte hier,
Äpfel, Birnen, Pfirsiche, die dunklen
Pflaumenbäume ächzen im Wind,"
"Pflück Dir einen goldenen Apfel hier",
sagt er mir,"iss ihn, nichts wird geschehen hier."

Ahnungsvoll

Aus tiefen Augen schaute sie in die Welt,
lauschte in sich hinein,
hörte Rufe, sah vergangenes Sein,
erahnte Unheil, bevor es stellte sich ein.

Nie ging ein Lächeln über ihre Züge,
leidvoll war ihr Leben,
sie litt den Schmerz vergangener Jahre,
wie eine, die ihr Schicksal will.

Heiter war für sie kein Tag auf Erden,
bei blühenden Blumen sah sie ihr Vergehen,
in der Helligkeit des Tages die Dunkelheit der Nacht.
dunkel war sie gekleidet, wie eine Trauernde, die wacht.

Feierlich hielt sie sich, war ihr Gang,
doch nie ward ihr das Leben zur Feier,
Gebet und Arbeit war's,
bis der Tod schaute sie an.

Die Verliebten

Hand in Hand sitzen sie,
wie eine Blume blüht ihm ihr Mund,
mit grossen Augen schaut sie ihn an,
er küsst ihre Lippen zaghaft, zögernd,
als dürfte er es nicht,
berührt sie wie ein Hauch,
da merkt er, o seliger Augenblick!,
sie küsst ihn auch.

Der Rentner

Immer nur an frühere Tage denkend,
mit der Jugend neu beginnend,
trennt er sich vom Leben ab,
der tickenden Zeit,
mit Photographien und Erinnerungen lebend,
ruft er nur das Vergangene wach,
gibt sich ihm, traümt und wacht.

Was von aussen an ihn herantritt,
überlässt er seiner Wirtin,
wenn jemand kommt, ruft er, er sei krank,
wenn die Wirtin ihm das Essen bringt,
schliesst er schnell die Türe,
will nichts von der Gegenwart wissen,
durch sein Fenster schaut er nie.

Nur über alte Briefe, Schriften beugt er sich,
damals blühte ihm das Leben,
da sehnt er sich wieder hinein,
im Zimmer auf- und abwandernd,
sieht er sich durch die alten Strassen gehen,
im Kaffeehaus sitzen und weilen,
hört die alten Lieder erklingen,
sieht sich tanzen mit ihr.

Vergeblich

"Mein Boot treibt an die Felsenküste,
reich mir die Hand!"
rief das Mädchen,
"dann sind wir zu zweien."

Sich fest haltend,
streckt er die Hand nach ihr aus,
doch die Woge trieb sie wieder hinaus,
ihren Schrei hörend,

sprang er in die Tiefe,
fasste das Boot,
schwamm mit ihm zur Küste,
fand dort das Mädchen tot.

Der Tannenbaum

O schöner Tannenbaum,
wie grün stehst du im Licht!
Wir nehmen dich, tragen dich heim,
schmücken dich fein.

Symbol des Lebens, des Lichtes sollst du uns sein!
Ein jeder staunt dich an,
freut sich deiner,
doch schon nach der Weihnachtszeit

verlierst du deinen Schmuck,
raus mit dir,
in den Abfall kommst du rein!
Symbol des Lebens kannst du nicht mehr sein!

Zum Licht

Laut ruft der Schiffer:
“Wie komm’ ich hier weiter?”
Dunkel hallt es wider im Tal.
“Fahr Tage und Wochen nach dem Süden,
dann siehst Du ein Licht,
fahr’ darauf zu,
es ist das grosse Gericht!”

“Da will ich noch nicht hin,
ich bin noch jung, will was erleben!”
Wieder schallt es schaurig.
“Du kommst hier nirgends anders hin,
dies Tal ist nur dem Süden offen,
von Norden kamst Du,
kehr zurück zum Eis!”

Heinz G. Kyritz

Ein Mann von Welt

Kennst du einen, der nichts schafft, nichts tut,
wie in einem Photo eingerahmt,
immer nur lächelt in die Welt,
ein ewiger Student,
der mit dreissig weder Diplom noch Examen hat,
den Mädchen nachläuft auf der ganzen Welt,
immer nur blödelnd sich vertrödelt,
doch nie vergisst,
zu ziehen des Vaters Geld?

Er kennt sich aus auf allen Wegen,
ist geschickt, versteht zu leben.
Sucht eine Frau mit Geld,
die ihn erhält,
den Mann von Welt.

Der Hauch der Welt

Peinlich ist es immer,
zu spät zu sein,
man wartet mit dem Essen,
unterhält sich fein,
ist der Verspätete gewandt,
hat eine Gegenwart,
wird ihm alles vergeben,
er wird zum Hauch der Welt.

Zeigt man solche Eigenschaften nicht,
fällt man tief, bleibt drauss',
drückt die Taste,
hat die Welt zu Haus.

Blaues Tüchlein

Sie war ein Mädchen zart und fein,
Seele war in ihren Augen,
in ihrem gütigen, lieben Sein,
aber als Evas Tochter kleidete sie sich auch fein,

webte ein blaues Tüchlein in ihre hellen Haare,
wusste, es stand ihr fein,
sie war schön gewachsen,
ging aufrecht in Stadt und Hain.

Eines Tages traf sie einen jungen Mann,
der ihr gefiel,
sie verliebten sich ineinander,
sahen sich oft, schon zuviel.

Das Mädchenleid trug sie alleine,
ging in die Ferne mit dem Wind,
in einem Kloster gebar sie ein Mädchen,
wurde Nonne und später auch ihr Kind.

Alleine sein

Schwer ist's, mit sich alleine zu sein,
man sieht, man hört das Treiben vor Ort,
am besten wär's auf dem Meere zu sein,
Himmel und Wogen immerfort.

Ihnen möcht' ich mich ganz geben,
dem Meere lauschen, eintauchen in ihm,
alles wär' mir offen, nichts hielt den Blick,
überall die Ferne, nur nicht zurück.

Ein Dolphin hebt sich aus dem Wasser,
ruft mich hinein,
"nein, lass mich", ruf ich zurück,
"ich möchte allein sein, in die Ferne geht mein Blick."

"In die Unendlichkeit musst Du sehen,
da siehst Du die Ferne vergehen",
erwiderte der Dolphin,
und verschwand in der Tiefe.

Die Sünden

Löst sich der Knoten je,
den die Verfehlungen ein Leben gewirkt?
Und hängt er nicht immer schwerer an uns?
Hass ist dadrin, die Niedertracht,
Lügen und Betrug, Trunksucht und schlechtes Benehmen,
doch die Falschheit macht ihn unlösbar im Leben,
auch der Tod vermag es nicht!

Was wissen wir von den Sünden derToten?
Schlecht ist unser Gedächtnis dafür.
Doch einer wird immer von ihnen wissen,
wie von allem, was wir tun hier!

Dritter Teil

RÄTSELHAFTES SEIN

Himmel, wo suchen wir dich?

Über uns ist sicher nichts,
höllische Dunkelheit unermesslich weit.
Wer könnte sie zu Ende denken im endlichen Hier?
Die Materie kreist, treibt,
lässt das eine immer zum andern werden.
Jahrmilliarden strahlen die Sterne,
doch wohin nur geht die Reise?

Auf Erden bist Du nicht, Herr,
vielleicht irgendwo in einer Ferne,
wo das Rätsel ein Geheimnis,
das Geheimnis zum Rätsel wird,
wo das Geistige sich immer neu belebt,
nie mehr wie auf Erden wirkt.

Einmal nur

Einmal an der Schwelle des Nichtseins leben,
mit einem Ich denken, sein,
die Schönheit sehen, erleben,
doch nie zu Ende sehen können,
die Zeit flieBt, vergeht,
wieder eintreten müssen in das Nichts,
um nie mehr zu leben!
Schreckliche Wahrheit, groteske Ironie!
Unvorstellbar ist das Nichts,
von Ewigkeit zu Ewigkeit nichts!
Nur einmal lässt uns die Materie sein,
o kosmischer Augenblick!
Einmal nur ein Ich, ein Leben!

Folgen dem Geleit

"Tauchen wir nicht zu tief ein in die Technologie der Zeit?
Beherrscht uns nicht schon das kommerzielle Denken?
Folgen wir immer mehr dem Herdentrieb und lassen uns treiben?"

"Wer weiB schon, wohin wir gehen?
Wir kennen uns selber nicht mehr,
unsere Seele wird leer!
Neue Inhalte finden wir nicht,
Ideale wollen wir nicht,
gestellt wird uns die Zeit,
wir folgen dem Geleit!

"Und wie herrlich war einst unser Spiel,
wie gross unserer Gedanken Ziel!
Himmel und Erde bewegte unserer Töne Harmonie!"

Im Raume Unbekannt

"Wohin nur geht am End' die Reise?
Schon hängt mir alles im Gesicht!
Immer nur die gleichen Tage, Dunkelheit und Licht!..."

"Hier fühltest Du Dich immer ach so frisch!
Wohin wir gehen, wird uns nie gesagt,
fern wiegt sich das Geheimnis des himmlischen Lichts!
Wir wissen nur, hier ist des Bleibens nicht!
Nichts währet auf der Erde, wie es ist!
Kämst Du wieder zu einem neuen Tag,
hättest Du ein anderes Ich!
Des Lebens Sinn schwebt irgendwo im Raume Unbekannt,
jenseits von Dunkelheit und Licht!"

Was unsagbar ist hier

Irdische Freude, irdisches Leid,
alles nur kurze Zeit,
bevor du richtig erwächst,
ist sie dir schon verronnen,
du schaust in die Nacht,
suchst in den Sternen ein Zeichen,
kalter Wind weht um dich.
Suche in dir,
vielleicht findst du,
was unsagbar ist hier.

Aus fernem Licht

"Hirngespinste!", hören wir die Mediziner sagen,
daB der Geist unsterblich sei.
Wie Blut und Samen sei auch er
aus der Erde hervorgegangen,
kehre mit dem Tode wieder zu ihr zurück.

Wundersamer Geist!
Alles kann er erdenken, durchdringen!
Und die Kunstwerke sind sein beseligender Ausdruck!
Glitzern die Elemente der Erde
auch in Beethovens und Wagners Musik?

Äonen nie wüssten

"Sind wir der Finsternis preisgegeben,
dem unvorstellbar Kalten oder HeiBen
und so Gewaltigen,
dem Entsetzlichen, dem nichts Lebendes schwant,
der höllischen Vielfalt ohne Gesang?

Die Erde wird einst mit der erkaltenden Sonne vergehen,
oder ein Meteor könnte alles aus den Fugen heben,
und wir wären dann nichts mehr,
wir meinten, was zu sein,
ein Anspruch, ein Schrei in die Unendlichkeit,
der lange verstummt!

Aber sollte die Erde nicht himmlischer Hort sein
von Ewigkeit zu Ewigkeit?
Wie könnte sie je vergehen?
Befinden wir uns nicht in göttlichem Fahrwasser?"

"Was, wenn Gott uns nicht vergäbe unsere groBe Schuld?
wenn Er uns lieBe auf der geschundenen Erde Grund?
Die Glocken läuteten Messen aus und ein,
wir wären allein mit unserem verfehlten Sein!
Gebet und letzter Schrei verhallten!"

"Äonen nie wüBten von klopfenden Herzen,
Geburt und Sein!"

Unendlichkeit

Was nicht anfängt und nie aufhört,
Universen in sich birgt,
ist jenseits allen Lichts,
jenseits des erkennbaren Nichts.
Unsere Geistigkeit vermag sie nicht zu erdenken,
sucht Anfang und Ende,
unfassbar ist uns endlose Weite,
wie die ewige Zeit,
reizt unseren Verstand,
unser Denken,
vielleicht verstehen nur die Himmlischen
endlose Weiten des Lichts.

Ewigkeit

Die Himmlischen wissen von ihr,
Jesus sprach von ihr,
die noch nicht ein Etwas ist im Nichts,
keinen Anfang hat, kein Ende,
und doch ein Wort für sich.

Die Unbegreiflichkeit hat es geboren,
die so irdisch ist,
Raum und Zeit sind erkenntlich,
die himmlische Ewigkeit,
fern im Raume ruhend, doch nicht.

HOMO SAPIENS

Hast Du die Erde nicht geschunden mit Deinem
groBen Geschrei?
Hast Du den Urwald nicht vernichtet, die Wasser
vergiftet, die
Atemluft verschmutzt, Du Narr?
Hast Du nicht immer die Tiere getötet mit Eifer und
Lust?
Bereitest Du ihnen nicht täglich die Hölle im eitlen
Wahne Deines
Hirns?
Ist ihnen Dein Sein nicht schon unendliche Qual?

Hast Du nicht immer das Gute ins Schlechte verkehret,
Liebe und Güte in HaB und Wut?
Hast Du nicht' immer die Pauke geschlagen zu neuem
Krieg?
Sind Neid und Habgier nicht Dein Angesicht?

Erkennst Du nicht endlich das Getue des grossen
Betrugs?
Verkehrt sich Dir nicht alles schon, verwirret Deinen
Sinn?

HOMO SAPIENS

Wankt nicht schon der Boden unter Deinen Füssen?
Wird nicht alles fraglich um Dich herum?
Kannst Du noch ruhig schlafen?
Schreit Dein Gewissen nicht auf in der Stille der Nacht?
Werden Dir Deine Fragen nicht bedeutungsvoller als Dein
Wissen?
Versuchst Du nicht immer alles mit neuen Dingen zuzudecken?
Bist Du nicht müde Deiner ewigen Wunschgedanken?

Hast Du nicht wissentlich geschwiegen, wo Du hättest handeln müssen?
War Dein ewiges: “Was kann ich tun?” genug?
Hast Du nicht immer genommen und Dich des Mammons erfreut seit Deiner Geburt?

Wähnst Du Deine Schuld mit Sprüchlein reinzuwaschen,
kurz vor dem Tode dem Priester ein Wort?

HOMO SAPIENS

Hoffst Du auf Erlösung?

Ändere Dich!
Erkenne den Abgrund, dem Du täglich näher kommst!
Zeuge nicht Kinder, die Du nicht ernähren kannst!
Erhalte, was Dir gegeben!
Nicht mit der Gier nach Mehr den Tag verlieren,
mit der Sorge um das Leben jeden Tag gewinnen!

Diese Verpflichtung ist Dein!
Fern wie die Sterne ist Dir der Hauch der himmlischen
Seligkeit!

Starren in die Nacht

Hätten wir keine Beziehung zu Gott,
wären aus der Erde geworden,
kehrten zu ihr zurück,
unsere Geistigkeit eine zufällige Erscheinung
irdischen Entwicklungsgeschicks,
verginge alles, was uns bewegte,
in der Sinnlosigkeit des Nichts.

Das Leben eines Krautes wäre
die einzige Art zu sein,
beneidenswert sein unbewusstes Streben
zur Sonne, zum Licht,
unendlich tragisch unsere bewusste,
aufs Nichts gerichtete Sicht!

An ein immer wiederkehrendes Vergehen zu glauben,
um zu neuen Arten zu werden,
verneine die göttliche Bestimmung des Werdens,
führe das Leben hinab, nicht hinan.

Seelenwanderung ist ja immer auch Artenwanderung,
vom denkenden Menschen zum Tiergebrüll- Geschrei,
widersinnige Verneinung göttlicher Erwartung,
von des Menschen Streben zu immer höherem Sein!

Immer schlüssig sein

Wer könnte es ertragen, ohne Gott zu sein,
nichts von Ihm wissen zu wollen,
sich nie zu fragen, woher, wieso, wohin?

Nur das Faktische anerkennen, mit ihm leben,
wissenschaftlich denken, immer schlüssig sein,
sich von allem Höheren als Aberglaube abwendend,
erforscht man das Leben, die Erde, des Mondes Sein.

Wie die Tiere seien auch wir von der Erde geworden,
der Tod ende Geist und Sein,
in der Erde möchte man wieder sein,
in ihr vergehen,
neues Leben wird weitersehen.

Heinz G. Kyritz

Rätselhaftes Sein

Wir sind hier und wissen nicht viel,
ein Geheimnis dies,
ein Rätsel das,
warum wir sind, wohin wir gehen,
ist uns nicht bekannt.

Wir forschen und tun,
fahren und fliegen,
suchen auf dem Mars und auf dem Mond,
doch überall die Steine,
die stumm wie die Rätsel sind.

Wir wissen mehr als noch vor tausend Jahren,
doch dicht ist immer noch die Nebelwand,
was ist der Tod,
was kommt danach?
Immer noch blickt die Sphinx in die unendliche Nacht.

Ein Hauch für dich und mich

Ob man ein Weilchen gegangen oder nicht,
bleibt am Ende immer gleich,
man weiss von nichts im Totenreich,
was man gedacht, gesagt, getan, ist vergangen,
ein grausamer Streich!

Warum das kurze Sein auf Erden,
wird uns nie gesagt,
ohne Gott wär's nur ein Tanz ums Nichts,
ein Blick in die Ferne,
ein Hauch für dich urd mich.

Unbegreiflich

Wir fühlen Gott mehr,
erahnen Seine Nähe, ja, Seine Gegenwart in uns,
als daB wir Ihn je geistig oder gar sinnlich
orten, zu erkennen vermögen.

Ewig wird ER uns unfaBbar bleiben,
wie die Unendlichkeit des Alls,
in deren Unbegreiflichkeit wir staunend leben,
immer wieder neu werden.und vergehen.

Sieg des Nichts?

"Am Ende ist das Nichts,
was ist, vergeht,
mit dem Körper auch der Geist!
Feuer und Erde lösen alles auf,
Knochen und Asche, kein Hauch."

"Sie beschwören die Finsternis,
der Hölle Sieg!
Die Schöpfung lässt sich nicht beweisen,
Doch unser Geist spricht souverän dafür!"
"In tausend Jahren wird auch der Stein im Sande liegen,
nichts wird mehr zeugen von kurzem Sein,
nur das Nichts wird immer sein und siegen!"
"Der Geist des Universums weiss von uns,
ist in uns und wir in ihm!
Er wird nie vergehen,
verderben kann er, unser tägliches Geschehen,
die Freiheit hat uns Gott gegeben!"

Frage

Lachende Jugend beim Flug in die schöne Zeit,
dann die Stille ohne Geleit.

Alles schreit durcheinander,
“wir stürzen ab!”
“Haltet Euch fest, haltet Euch fest,
den Kopf nach unten!”,
ruft die Uniformierte,
dann geschieht’s:

Ein Splittern und Krachen,
ein Durcheinanderfallen von Sitzen und Körpern,
lautes Stöhnen, ein Baby schreit,
dann eine Stille,
die so fern dem Leben ist.

Wissen die Himmlischen von ihrem Geiste,
auch wenn der noch nicht erwacht?

Warum?

Was ist dieses Sein, das uns so schnell vergeht,
uns fallen lässt ins Nichts?
Was soll uns die Gegensätzlichkeit des Hierseins,
die Vielfältigkeit im Sonnenschein,
dann der Tod und das Nicht-Mehr-Sein?

Warum ein Ichbewusstsein für uns
bei diesem irdischen Spiel,
das in der Sinnlosigkeit anfängt
und mit der Grausamkeit endet?
Warum nicht eine Stranddistel sein am Meer?
Sie weiss nichts, vergeht im Nichts.

Wirkstoffe

“Sind es nur Säfte, die uns werden lassen,
in uns wirken ohne Ruh,
uns in die Tiefe fallen,
zum Himmel hinan streben und vergehen lassen?”

“Wirkstoffe rufen biochemische Reaktionen hervor.”

“0bwohl sich das Leben selber kaum so erklären lässt,

aus der Retorte gesprungen sind wir doch nicht!”

“Noch nicht,
doch das Geheimnis wird sich uns nicht mehr lange verbergen!”

“Was ist’s, was uns laufen und springen.
hören und sehen,
das Undenkbare denken lässt?
Der göttliche Funken ist’s Herr Doktor,
mit Wirkstoffen erklären sie das nicht.”
“Noch nicht, aber wir treten ins Licht!”

Vierter Teil

GEISTIGKEIT

Die Frage

Wird der Aufschrei zu Gott
im bewegten Gebet
vom Winde verweht,
verliert er sich im irdischen Raume,
oder hört ihn Der,
an Den er geht?

Ist es nicht das Wunder unseres Hierseins,
mit Gott verbunden zu sein,
trotz irdischer Elemente Kraft,
durch eine alles durchdringende Resonanz?

Warum denn sonst unsere Geistigkeit,
phänomenale Einzigartigkeit
auf dem Planeten artenreichen Seins?!

Schöpfung?

Geistigkeit, Streben, Musik,
Dichtung, grosse Gedanken,
Schönheits - und Harmonieempfinden
deuten eher auf eine schöpferische Herkunft hin,
als auf eine wundersame irdische Entwicklung,
die in der Sinnlosigkeit ausklinge!

Der endliche Sinn

Warum der Geist, das Ich, das BewuBtsein des Seins,
und kein Zeichen,
warum, wohin wir gehen?
Noch nicht der Schatten eines Seins bleibt,
ein Häuflein Asche,
schwarzes Nichts!

War das der Sinn der Schöpfung, des langsamen Weiterwerdens?

Nur ein Sein in Zeit und irdischem Raum,
dann das groBe Schweigen?

Aber fühlen wir nicht einen Auftrieb,
ein Streben, ständiges Weben,
bis zum Vergehen in uns wirken?,
Kräfte, die weit über die reinen Triebe hinaus,
die Verbindung zur Schöpfung in sich bergen?

Sterben als Befreiung
eines an das Ich gebundenen Geistes,
nähme dem Tod den Stachel,
zur Reise würde er werden
zu neuem Sein.
Doch wie wäre dieses Sein und wo?
Paradiesisch im christlichen Himmel?
Eine neue Prüfung irgendwo?
VerheiBen wurde uns der Himmel,
nicht ein Sein im dunklen Raum.

Hoffnung

Nicht das kurze Leben,
wohin wir gehen, bewegt uns,
das Sich-Verlieren,
des Todes finsteres Gesicht.

Wer weiss schon, was geschieht
in den ersten Minuten des Nichtmehrseins?
Wir wissen viel vom Leben,
doch nichts von Tod und Vergehen.

Doch wir wissen von der Verheissung,
dem göttlichen Wort vom künftigen Sein!
Gross ist unsere Hoffnung,

die geistige Verbindung zu Gott allein!

Unser Geist führt uns hinan

Sind wir als Wilde geboren,
schwere Knochen schwingend am Höhlenrand,
oder mit Gottes Geboten geschaffen?

Der Höhlenvormensch ist vergangen,
kein Weg führt zu ihm zurück.
Wir haben uns mit Gottes Hilfe erhoben,
uns immer wieder neu geboren,
Gebot und Gesetz gestärkt,
unser Geist hat sich tausendfach entfaltet,
auch auf neuen Welten wird er weiterstreben,
als Geist Gottes führen uns hinan.

Das mahnende Hier

Nur eine Stufe ist körperliches Sein,
ein erstes Bekanntwerden mit einer Geistigkeit,
die uns macht frei.

Wie eine Wegwarte ist unser erstes Sein,
gebietend und mahnend:
"Erkennet Euren Geist, stärkt ihn,
er verbindet Euch mit dem himmlischen Sein!"

Schärfe den Geist

Häng dich nicht an die Dinge,
sie sind nur zeitlich dein,
lass deinen Geist in dir weben,
sich erheben,
dir Erkenntnis geben,
führen dich zum Licht.

In ihm wirst du erwachen,
was war, wird dunkel dir erscheinen wie die Nacht,
auf neuen Wegen wirst du eilen,
dein Geist dich leiten,
auch in der gestirnten Nacht.

Der Geist des Universums

Dunkelheit liegt über unserem vergangenen Sein,
wer weiss, wer das Leben beeinflusst,
Denkmäler hinterliess,
die uns erstaunen lassen, so rätselhaft sie sind.

Haben uns Engel des Herrn,
Astronauten aus fernen Welten besucht?
Unmöglich wäre es nicht.
Hesekiels Bericht und das Gilgameschepos deuten daraufhin.
Und warum auch nicht,
schicken wir uns nicht an, gleiches zu tun?

Geist ist nicht nur auf Erden,
grösser-gross ist er im Universum,
lenkt das Leben,
altes und neues,
führt es zu den höchsten Höhen hin.

In sich gefestigt sein,
tief ins Leben schauen,
nie viel sagen,
das Sinnvolle des Lebens erkennen,
Erfahrungen sammeln,
an Weisheit gewinnen,
auf Gottes Weben sich immer neu besinnen,
im Glauben an ihn,
ewiges Leben gewinnen.

Der Hauch

Wird je der Geist vom Geiste wissen,
ist es der göttliche Funke, der Hauch,
nur durch Ihn wird er von der Verbindung wissen,
die uns führt zu Gott hinauf.

Wenn er auch sterblich ist im irdischen Hier,
weiss Gott doch von uns durch Ihn,
als Teil von Seinem Geiste,
führt er uns hier zum Ziel.

Die himmlische Stätte

Wo die Himmlischen ihre Stätte haben,
werden wir Irdischen niemals wissen,
was würde es uns auch nützen,
kämen wir doch nie dahin.

Gott immer suchend mit unserem Geiste,
Ihn nie zu Ende denkend,
erahnen wir das Ausmass Seiner Macht und Herrlichkeit,
doch sichtbar machen wir sie uns nie.

Gehören

Der Materie sind wir eingegeben,
die an uns reisst und zerrt von Anbeginn,
der Geist ist von anderer Stätte,
im Raume fern von ihr.
Der Geist Gottes hat ihn geboren,
Sein Hauch hat uns erhoben,
zu werden, wer wir sind,
zum Geist Gottes zu gehören,
war der Sinn.

O Sonne, o Erde

Du kannst lachen, jauchzen zum Himmel empor,
danken der Erde,
jung und alt bejubeln sie,
unserer Sonne warmen Schein,
herrlich ist das Leben auf dir, o Erde,
Mutter, du webtest uns,
du liesst uns werden.

Und wenn wir vergehen,
nimmst du uns in deinen Schoss.
Teil von dir werden wir werden,
in dir schliesst sich wieder der Kreis,
bei Gott ist unser Geist.

Der verlorene Sieg

“Nicht das Irdische, das Todesbestimmte
möcht’ ich geniessen hier auf Erden,”
“nein!
Wenn mich mein Geist zum Geist des Universums führet
dann mag Dir das Irdische gehören!”

“Das heisst Körper und Seele.”

“Geist und Seele sind in Ewigkeit eins,
strebt der Geist zum Geiste,
tut es die Seele.
Und was des Herrn, wird nimmer Dein!
Im Irdischen, wo Du die Dummen suchst,
kann es Dir gelingen,
im Geiste des Universums brichst Du nimmer ein!”
“Hört, hört!

Du denkst, Du überlistest mich,
strebst auf dem Rücken des Geistes davon,
er stirbt mit Dir und Deine Seele gehört mir!”

“Einst kam der Geist von Gott, .
lässt die Gläubig-Erkennenden
verbunden sein mit Ihm.
Und Du bleibst,
wirst weiter Seelen suchen im irdischen Hier!”
“Mit Dir mein Freund ist kein Pakt zu schliessen,
Du bist ja kaum noch auf der Welt,
lebst in wundersamen Träumen
von einer Geisterwelt in schwarzen Räumen,
wo alles Dein sein könnte auf Erden.
Hier ist alles, hier ist Licht und Wärme,
bildhaftes, herrliches Sein!
Doch gibt es Leute, die suchen die Ferne,
den Geist des Universums in den Sternen.”

Schreie nicht so laut,
morgen bist du vielleicht schon ohne Hauch!
Nichtig ist, was du schreist und tust,
du bist und bleibst nur Teil vom Teil,
ein Körnchen, das in der Erde weilt.

Doch suchst du Gott mit deinem Geiste,
richtest dich auf Ihn aus,
wirst du nie für immer vergehen,
Gott weiss von deinem Geiste,
denn aller Geist ist von Ihm!

Was du gesucht

Warum in die Ferne schweifen,
wo alles ist, wo du bist?
Zu den ewig grüneren Wiesen läufst du immerfort,
fällst oder steigst,
unzufrieden an jedem Ort.

Erkenne doch endlich,
du findst nicht, was du suchst,
bescheide dich,
suche Gott, nicht grünere Wiesen,
du findst, was du gesucht!

Nur Geduld

Dunkel hört man Stimmen aus den Höhlen dringen:

“Die Tragödien erfüllen sich immer wieder jeden Tag,
die eifrigen Totengräber kommen,
graben immer ein neues Loch!
Die gleichen Gesänge erklingen,
vererbt von alters her fort.
Und kein einziges Zeichen, kein neues Wort!
Immer wieder die gleiche Menschengebärde
von hier zum immer neuen Hier,
schnelles Leben will viel erleben,
o der gestirnte Himmel, des Mondes treue Wacht.
Und wieder kommen die grauen Tage,
die Krankheit, die Totenwacht!”

“Geduld, nur Geduld! “,
rufen die Klosterbrüder.
“Einmal werden wir aus dem Kreise treten,
Gottes Geist wird uns dann die Stätte finden,
die Er für uns bestimmet hat.”

Blick in die Ewigkeit

Immer in die Ferne schauend,
stand der alte Indianer an der Reling des Schiffs.
“Was sehen Sie?”,
fragte ich eines Abends,
als es schon dunkel war.

“Rausch und Traum für Sie,
Suche nach dem immer neuen Horizont für mich,
nicht mehr”,
antwortete er, in die Nacht blickend.
“Warum denn die Suche nach dem grossen Geist?”

Unbeweglich blickte er in die Ferne.
“Er sieht uns, unser grosser Geist,
aber ich kann nicht sagen, dass er uns behütet hätte,
wir schauen in die Dunkelheit und sehen nichts!”
Seine Stimme war so tönend,

dass ich dachte, er spräche von überall zu mir.
Seine dunklen Augen hielten mich ein paar Sekunden,
mir schien, als hielte mich die Ewigkeit
an der Reling oder über dem schwarzen Ozean.
Ich blickte auf, sah ihn nicht mehr.

Zur Weisheit hinan

Kennt ihr Wesen vom All mehr Dimensionen als wir,
habt vielleicht eine über uns hinausgehende Physik,
kennt vielleicht den Geist des Universums?
Dann werden wir in tausend Jahren nicht eure Weisheit erreichen.

Dann würdet ihr uns immer ein Rätsel bleiben,
unvereinbar mit uns, wie der Tod und das Sein!
Aber der Tod wird wohl auch zu eurem Leben gehören,
lässt er euch doch höher steigen,

zur himmlischen Weisheit hinan,
Von Gott werdet ihr wissen wie wir,
ist doch alles Leben von Ihm!
Bei Ihm finden wir alle ein neues Beginnen!

Wegweiser

Schöpfung ohne Planung wäre undenkbar.
Warum uns eine Geistigkeit geben,
uns wissen lassen von Sein und Vergehen?
Ist Geistigkeit nicht schon bedeutend,
ist sie nicht der Wegweiser zu einem Ziel?

Gespräch

"Da das Sichverbrauchen eines jeden Körpers
zu den irdischen Gegebenheiten gehört,
ist auch unser individuelles Sein todesbestimmt
und wird es immer bleiben."

"Aber müssen wir nicht den körperlichen Untergang
von einem geistigen Weiterleben trennen?
Schliesslich sind wir doch geistesbestimmte Wesen!"

"Das sind wir, aber wie stellen Sie sich die Trennung vor?

Das Gehirn gibt uns den Geist
und das gehört zum Körper."

"Damit lehnen Sie dann jede höhere Einwirkung
auf unser Leben ab.
Wir verlieren alles,
denn alles, auch der Geist vergeht."

"Natürlich! Wir machen uns was vor,
hoffen im Leben,
hoffen, wenn wir vergehen."

"Das würde unser individuelles Leben sinnlos machen!
Warum dann unser geistesbestimmtes Sein?
Um das Schicksal eines Grashalms oder einer Maus zu teilen, bräuchten wir keine Geistigkeit!"

"Wir können unsere Geistigkeit nur als Wunder ansehen,
Von hunderttausenden von Arten sind wir die einzige, die diese allumfassende Geistigkeit hat,
die Fähigkeit, abstrakt denken zu können!
Und je mehr wir wissen, uns geistig betätigen, desto tragischer wird unser Dasein.
Das sind die bitteren Gegebenheiten!"

"Wer hat uns diese Geistigkeit gegeben?
Sie als irdische Entwicklung nur bei uns alleine abzutun, ist schwer vertretbar.
Da scheint mir die Schöpfung und geistige Beziehung zu einer grossen Intelligenz irgendwo im Universum sinnvoller.
Die Verheissung Jesu weist ja auf ein höheres ewiges Sein!
Eine solche Verbindung würde unserer Geistigkeit einen Sinn geben, unser hiesiges Leben wäre eine Vorstufe.

Denken wir an unsere grossen Werke, die Dichtung,
die herrliche klassische Musik.
Wie könnten sie aus der Erde geworden sein,
in der die Tiere kriechen?"

"Ich wünschte, Sie hätten recht! Das gäbe uns eine grosse Hoffnung."

Fünfter Teil

DIE GOTTHEIT IM RAUME

In der zweiten Stufe

In der zweiten Stufe des Lebens
werden wir nicht mehr träumen,
werden über vieles Klarheit finden,
was uns ein Rätsel schien in diesem Sein.

Die Uhren werden nicht mehr ticken,
das Zeitliche weicht dem ewigen Sein.
Rein geistig werden wir lernen, erkennen,
eine ewige Offenbarung wird es für uns sein.

Alles wird sich uns erschliessen,
nie das Geheimnis göttlichen Seins!
Geistigkeit Seiner Tiefe und Weite,
wird uns in Ewigkeit unfassbar sein!

Medium zu Gott

Genengebunden, wirkt der Geist in uns,
vom Werden zum Vergehen,
ist und formt unser Ich,
vergisst nie das ewige Licht.

Überall auf Erden sind Zeugnisse
seines früheren Seins,
immer verbindet er die Generationen
mit jenem fernen Licht,
bleibt unser Medium zur göttlichen Sicht.

Von der Zeit zum Raum

Du muBt noch vieles begreifen, erlernen,
bevor du die Gottheit siehst im Raume,
muBt die Singularitäten erkennen,
die pulsierenden und ruhenden Kräfte,
vor allem muBt du dich selber
als Wesen begreifen des Raums,
dann können wir dir die Wege weisen,
kann deine Reise beginnen
von der Zeit zum Raum.

Des Wunderbaren grosses Angesicht

Bist Du nicht der ewig Voraogehende,
Der alles in sich birgt,
das sich Entfaltende,
die Knospe, die die Schönheit wirkt?

Bist Du nicht die Herrlichkeit,
der Glanz der Sterne,
die Verheissung die Hoffnung,
die uns erfüllt?

Bist Du nicht das Morgenrot,
die Vielfalt, die die Erde schmückt,
der Hauch der Fruchtbarkeit,
die in ihr wirkt?

Bist Du nicht die Tiefe der gestirnten Nacht,
des Sternenlichts, unter dem das Leben ewacht?
Bist Du nicht sein Wächter,
der in Ewigkeit wacht?

Bist Du nicht das Wort, die Tat,
des Gesetzes tiefer Sinn?
Warst Du nicht der Anlass alles Werdens
von Anbeginn?

Bist Du nicht der Geist,
dessen kleinstes Teilchen unser ist?
Das uns Dich fühlen,
anbeten, um Hilfe flehen lässt?

Je tiefer wir sehen,
desto unbegreiflicher wird uns das All,
staunend stehen wir Vor seiner Helligkeit,
die uns aus allen Fernen entgegenscheint.

Herr, Du bist mehr,
als das Wort verspricht,
bist in Ewigkeit unendlich mehr,
bist des Wunderbaren grosses Angesicht!

Alles zeugt von Gott

Hoffnung ist unsere Erde,
sie ist in ihrer Herrlichkeit von Dir,
Hoffnung ist das Morgenrot,
die Wiederkehr Deines Lichts,

Hoffnung ist unser Leben,
der Hauch von Dir,
Hoffnung ist die Sternenwelt,
deren Wunder zeugt von Dir,
Hoffnung gibt das Beten,
Du hörst uns von hier,
Hoffnung ist die Hilfe,
sie kommt nur von Dir,
Hoffnung sind die Worte Jesu,
als Er sprach zu uns hier,
Hoffnung ist Seine VerheiBung,
des himmlischen Lebens bei Dir!

Noch einmal

Einmal warst Du hier, o Herr,
zu sagen, zu verkünden,
die einzigartige, nie vernommene Botschaft
himmlischen Seins,
die Verheissung von Deinen Lippen,
o könnten wir sie noch einmal hören,
noch einmal Dein Antlitz sehen,
Deiner Augen seligen Schein!

Zweitausend Jahre sind vergangen,
seit Du auf Erden schrittest.
O Herr, komm wieder,
wir fallen in den Staub vor Dir!
Das Leid, das wir ertragen,
hat sich tief in unsere Herzen gegraben.
Doch hörten wir noch einmal jene Worte
vom ewigen Licht, jubelten sie.

In himmlischen Dimensionen

Nichts ist hier, was irdisch war.
Deine dortige Welt ist vergangen.

Deine Sinnenwelt ist anders,
du siehst, hörst und fühlst nicht wie auf Erden,

Zeit und Erde bedeuten nichts,
und doch erkennt, begreift
dein Geist, dein Ich
ein herrliches Sein,
fern vom schwarzen Nichts,
die Helligkeit himmlischen Lichts!

Mehr und mehr in Millionen von Erdenjahren erfasst
dein Geist
die Dimensionen himmlischen Seins,
die Herrlichkeiten,
erreicht vielleicht jene allerhöchste Geistigkeit,
die in Bereichen wirkt
nahe dem göttlichen Licht!

Das himmlische Sein

Alles ist hier anders, nichts Irdisches mehr,
keine Schwere, doch ein Sehen, ein Hören,
ein Fühlen unendlichen Geschehens.
Nie gesehenes Licht umfängt die Seligen,
der himmlische Schein über lautlosem Schweben,
geistigem Erkennen bei der Engel Geleit.
Alles hier ist Pflegen, Walten, kein Weilen
in der Pflicht des Herrn,
ein ständiges geistiges Werden zum Wohle
des himmlischen Seins!

Fern von hier

Nie wird es hier dunkel werden,
in allen Farben steht der Himmelsplanet im Licht!
Vom Rosenrot zum Blau des Saphirs,
zum matten smaragdgrünen Schein

beleuchten sieben Sterne
des Planeten seliges Sein!
Fern vom Mein und Dein irdischer Wege
ist's hier ein stilles Weben,

ein Begreifen friedlichen Seins!
Kein Wandern auf alten Wegen,
ein schwereloses Schweben
über himmlischem Hain!

Die Erhebung

Warst es nicht Du, der den Anfang gemacht,
vor Äonen das Ende erdacht?
Die Jahrtausende kamen, sie gingen,
Dein Wort wird nie vergehen!

Du wuBtest von dem Tag, der kommen wird!
Du lieBt uns werden und vergehen,
hast uns fehlen und wachsen sehen!
Einst wirst Du kommen in der Stille der Nacht,

Helligkeit wird uns umfangen,
wir können die Augen nicht öffnen vor Deinem Licht,
doch Du wirst uns erheben,
wie Du gesagt,

wirst die Deinen erkennen,
keiner wird schlafen im Licht!
Du weisst von denen, die vergangen,
hebst sie zum Licht.

Die Nähe Gottes

Irdisches Sein trägt Vergehen in sich,
ein Bleiben ist es nicht,
ein schnelles Leben und Leid.
Der Tod scheidet uns vom Sein.

In Gott allein ist man zu Haus,
Ihm sich ganz ergeben,
dann wird das Hiersein ein Erwachen
aus dunklem Weben,
ein Fühlen Gottes,
ja, ein Erkennen Seiner Näh'!
Dein Geist ist Sein,
du bist zu Haus.

Liebe ist es

Weisst du von Gott,
fühlst Seine Nähe,
such' nicht mehr,
der Schatz des Lebens ist dir gegeben!

Er glänzt nicht hell,
wie das Gold der Welt,
Liebe ist es,
die dich erhält,

die immer schützend um dich ist,
deine Seele nährt und stärkt,
nie von dir weichend,
dich in Ewigkeit beschert.

Höheres Sein

Wenn es das Ziel wäre, die geistige Kraft
in uns zu fördern,
zu einem neuen rein geistigen Sein,
erfüllte es sich auf stillen Wegen,
im Erkennen der gefügten Weisheit höheren Seins!

Sie durchdringend zu erfassen, wäre viel,
in ihr zu wirken, das hohe Ziel,
doch die göttliche Weisheit erreicht sie nie!

Das himmlische Licht

Durch die Dunkelheit des Alls
eilen sie dem Licht entgegen,
unendlich scheinen des Raumes Weiten,
doch näher kommen sie dem Licht.

O Herrlichkeit im Raume,
noch nicht in deinem Glanze,
eilen, eilen,
jetzt umfängt sie das Licht!

O himmlische Schönheit!
Deine Vielfalt und Helle!
Hier wird sich der Geist erheben,
nie mehr in einem Körper leben!

Die Andacht

Peinigt dich etwas,
sage, flüstere, beichte dem Herrn,
Er wird dich hören,
dich befreien von dem Übel,
denn Gott ist die Liebe, der Vergebende,
Der uns in Bedrängnis hilft!

In unserer Andacht sind wir ganz bei Ihm,
Er weiss von uns,
unser Geist ist Sein,
Er lässt uns streben hinan,
unsere Geistigkeit erheben,
uns mit Ihm leben,
unsere Erfüllung finden in Seinem Weben!

Die Verheissung

Alle Worte Jesu beseligen uns,
die der Verheissung sind unsere Hoffnung,
ja, unsere Zuversicht,
in den Schatten stellt sie nichts,
keine Forschung noch so gross
könnte uns aus der Dunkelheit des Todes führen
zu Gottes ewigem Licht!
Sie sind die Sonne unseres Lebens,
noch in der Dunkelheit das Licht,
das nie in uns erlischt,
beim Sterben mit uns ist.

Fragen wir uns nicht?

Wie sehnen sich die Herzen nach einem Zeichen
der göttlichen Wiederkehr!
Doch hängt nicht über uns das Kreuz des Gefolterten?
Können wir Jesu Wiederkehr überhaupt erwarten
nach der Schreckenstat an Ihm?

Wurde Seine Liebe zu uns nicht erstickt an jenem Ort,
der des Schrecklichen Anfang war?
Starben Seine Jünger nicht auch am Kreuz?
Wurden die Gläubigen nicht verfolgt,
von Raubtieren zerrissen?

Sind wir anders geworden?
Hat sich das Schreckliche nicht immer wiederholt?
Beteten wir nicht für die Waffen,
die Christen des Feindes zu töten?
Rüsten wir nicht immer zu neuer schrecklicher Wehr?
Verdienen wir die göttliche Wiederkehr,
das verheissene himmlische Sein?

Das grösste Ereignis

Immer bewegt uns das Geheimnis Deiner Wiederkehr,
o Herr,
wird es in unserer Lebenszeit geschehen,
oder in wieder tausend Jahren?
Einmal wird es geschehen.
Plötzlich wird es hell sein in der Nacht,
wir halten die Hände vor den Augen,
heller ist's, als wenn tausend Sonnen schienen.
Blind stehen wir vor dem grössten Ereignis!
Der Richter werden viele sein,
die Engel des Herrn.
Zitternd werden die Ahnungslosen vor ihnen stehen,
ihrer Sünden gedenkend!
Viele finden Zuversicht und fürchten sich nicht,
hatte doch der Herr verheissen, ihnen alle Sünden zu vergeben,
nie, die wider den Heiligen Geist!

Am Vorabend

Wo bist Du Christus?
Ein drittes Jahrtausend beginnt!
Die Welt ist am Auseinandergehen,
sechs Milliarden sind wir schon
und Milliarden glauben nicht mehr an Dich!

Elektronen walten auf Erden,
nicht Dein Wort.
Wir rufen, wir schreien nach Deiner Heiligkeit,
rette unsere Seelen,
nimm uns fort!

O Christus, Deine Wiederkehr!

Könnten wir Deine Wiederkehr je erwarten Herr,
nachdem, was Dir angetan worden,
Du Unsagbares erlitten hast?

Elend und Leid haben uns geprägt auf Erden,
zweitausend Jahre Kriege, Seuchen, wüstes Geschehen,
und immer neues Rüsten!
Wie soll es weitergehen?
Wird diese Welt je friedlich leben,
ohne Rüstung, ohne Militär?

Deine Gläubigen beten um Deine Wiederkehr, Herr.
Von allen Kirchen würden die Glocken läuten,
wenn Du kämst.
Die Christenheit beugte sich tief vor Dir, o Herr,
Jubel würde Dich umgeben,
der Fürst des Friedens wäre hier!

Wie die Kerze im Wind

Der Glaube an Gott lässt uns ruhig sein.
“Fürchtet Euch nicht! “, sprach der Herr,
die Verheissung gab uns die Zuversicht
himmlischen Lebens in ewigem Licht.

Und doch hoffen wir auf mehr,
Jesu Wiederkehr, einen Engel des Herrn,
ist doch der Tod eine allzu tiefe Finsternis,
ein Fallen vom Licht ins Nichts.

Wir wissen viel vom Leben,
vom Sterben auch sehr viel,
doch nichts vom Tode,
das Leben erlischt, wie das Licht der Kerze im Wind.

Der Erzengel

"Hast Du Zeit, so sprich mit mir,
wiegt Dir doch ein jeder Tag schon viel!"

"Mit meinem Pfarrer will ich sprechen,
nicht mit Dir!
Du gibst Dich schon aus,
als wärst Du von ihm!"

"Wir Himmlischen sind doch alle
in der Pflicht des Herrn."

"Nicht der böse Engel des Herrn."

"Mein Freund, Du lebst noch in der Märchenwelt,
kommt Dir ein Engel doch nie zu Gesicht!
Der Regen ist so wichtig wie der Sonnenschein,
eins allein kann nicht sein!
So ist's mit dem Herrn und mir,
die Himmlischen sind wir!"

"Weiss der Herr von Deiner Rede,
Dich als Himmlischer auszugeben?
Du bist der Satan, der Bösewicht!"

"Wie kann man sich nur so haben,
das Leben sehen, wie es nicht ist!
Ich bin der Geist, der alles hält,
In mir erfüllt sich diese Welt!
Hier walte ich auf Erden,
der Herr des Himmels bin ich nicht!"

"Mir scheint, Du bist der Geist des Nichts,
dem viele heute schon verfallen!
Sie leben, lachen, lieben,
von Gottes Verheissung keine Spur.
Gross steht ihnen das Nichts in Sicht!

Doch nicht alle hast Du von Gott gewandt!
In ihren Kirchen sind sie aufgehoben
wie in Gottes Schoss!
Lieber ein kurzes Leben in Gottes Segen,
als hundert Jahre Deiner Wege!"

Wenn die Himmlischen uns rufen

Die Himmlischen zu rufen, ist vergebliche Müh,
wenn die Zeit kommt,
rufen sie uns hier.
Die reinen Herzens sind, werden sie umfangen,
die Armen, die Gebückten, die Kinder,
die keine Schuhe tragen,
die Gutgläubigen alt und jung,
werden es sein,
in den Hütten werden sie weilen,
dahin sie eilen, die nie gelebt.
Sie werden sie bescheren,
sie erheben,
die mit den Händen schaffen,
werden es sein.
die sich mühen und streben, die Leidtragenden,
die Helfenden, Barmherzigen, die Liebenden
werden sie erheben,
sind sie doch dem Göttlichen ergeben.

Wisst Ihr Himmlischen,
was ich in mir getragen, geschrieben, gesagt?
Habt Ihr meine Worte gelesen,
wisst von meiner Freude, meiner Qual?

Vernahmt Ihr schon,
wie ich klagend und rühmend mit Geist und Seele gerungen,
zu sagen, was mich bewegt in Zeit und Raum,
wie ich Euch einst finden soll,
erkennen Euren himmlischen Raum?

Wisst Ihr von meinem Streben, meinem Drängen?
Ein Wort, ein Zeichen, ja, ein Hauch
von Euch
würde mich tausendfach beleben,
erheben,
zu neuen Höhen führen mich hinauf!

Die Vorausgegangenen

Was ihr einst gewesen, seid ihr nicht mehr,
wenn ich euch riefe, hörtet ihr mich nicht von hier,
fern wie die Sterne ist euer Geist von mir,
wo, bei Milliarden von Sternen,
sähe ich euch?
Erst mit dem Tode gibt der Herr das Zeichen,
werden vereint,
die einst kamen von hier.

Tonloses Sagen

Sagbar bliebe nichts mehr
am Tage des grossen Geschehens,
alle Worte wären verklungen,
noch der Schrei vor dem Vergehen.

Ein stummes Begreifen,
Verstehen des scheidenden Ichs,
ob des ungeheuren Verwerfens,
wäre die Haltung vor dem Gericht.

Wie ein tonloses Sagen:
“Ich weiB, ich bin sündig,
Wenn alles Schuld ist,
wiIl ich schuldig vergehen!”

Grosser Gott!

Du, der immer war und ist,
in Ewigkeit allgebietend,
Welten werden und vergehen läßt,
bist nicht faßbar für unseren so erdrückend
unzulänglichen Geist!
Wir versuchten es jahrhundertelang mit Buße und
Gebet, inbrünstigem Glauben,
machten Dich bildhaft in uns,
doch immer blieb Dein Schweigen, Deine
Unsichtbarkeit!

Unendlich, allumfassend ist Deine Geistigkeit,
das fühlen wir,
irgendwo in einer Mitte des Alls,
größer-groß als unser Bild von des hellsten und
fernsten Sternes Licht, bist Du,
weißt so viel von uns, hilfst und wirkst,
schaffst in Ewigkeit und Deiner Wunder ist kein End!

Alles Leben kennst Du von Anbeginn,
bist des Geistigen ewiger Hort!
Mit dem Tode schließt Du wieder den Kreis in Dir!

Der Glaube

Was stärker und grossartiger ist,
als alles Wissen und Erkennen auf Erden,
ist das allumfassende Sein Gottes!
Er ist die Kraft, die alles möglich macht.

Seine göttliche Ordnung hält die Fäden alles Seins
hier wie in allen Fernen des Alls,
Durch unseren Glauben sind wir in Verbindung mit Ihm,
er ist wie eine Nabelschnur zu Ihm.
So vermag er alles,
denn in Gott ist alle Kraft und Macht.
Alles dreht sich, schwebt, wird und vergeht,

und nichts ist Ihm unmöglich gemacht.

Wer ist es?

Wer ist es, der keinen Anfang und kein Ende kennt,
unermessliche Weiten lenkt,
Sterne werden und vergehen lässt,
sie und alles Kreisende nach Seiner Ordnung
schweben und bestehen lässt,
immer wieder neues Leben schenkt,
es nach Seinem Geiste schützend wachsen,
zu höherer Geistigkeit erwachen lässt,
ist unser Grosser Gott,
Der allmächtige Geist des Universums!

Das letzte Wort ist Dein

Dir ergeben wir uns, unser Herr und unser Gott,
brauchen nicht zu hoffen, nicht zu fragen,
Du hast die Antwort, die Erkenntnis,
die wir nicht haben,
wir tasten uns in Dein All hinein,
in die Unendlichkeit führt es uns ein.
Überwältigt sind wir,
erblicken die Wunder Deiner Sterne, Deines Lichts,
kehren zurück zu unserer Erde,
so verwundbar, so klein,
doch weiter treibt uns unser Geist,
will erkennen, will werden,
aber das letzte Wort ist immer Dein!

About the Author

Heinz G. Kyritz was born in Germany, emigrated to Canada in 1952 where he studied German literature at McGill University in Montreal and at the University of Toronto.

He received his MA in 1956 and his Ph.D. in 1961.

He then taught German at the Universities of Saskatchewan, Toronto and the State University of New York.

Professor Kyritz received a citation from "Notable Americans", and was listed in "Who is Who in the East".

His present book *Stunden der Zeit* is the fourth after *Das unruhige Ich, und immer neu ist der Tag*, and *Heiteres und Besinnliches.*

Über den Author

Heinz-Georg Kyritz kam aus Königsberg, emigrierte nach dem Kriege nach Kanada, studierte deutsche Literatur und Philologie an der McGill Universität und der Universität von Toronto, promovierte 1961.

Er lehrte Deutsch an kanadischen Universitäten und zuletzt an der Staatsuniversität von New York.

Nach seiner Pensionierung begann er deutsche Gedichte und Kurzgeschichten zu schreiben.

Seine gegenwärtige Gedichtsammlung *Stunden der Zeit* wird nun im Buchhandel erscheinen.

Es ist das vierte Buch dieses Authors nach der *Gedichtsammlung Das unruhige Ich Und immer neu ist der Tag* und *Heiteres und Besinnliches* sind Sammlungen von Kurzgeschichten und Gedichten.

www.ingramcontent.com/pod-product-compliance
Ingram Content Group UK Ltd.
Pitfield, Milton Keynes, MK11 3LW, UK
UKHW041942190726
13854UKWH00004B/1751